DESASTRES NATURALES

Sofía López González

COLECCIÓN ITES

DESASTRES NATURALES

© Sofía López González
© de esta edición: Olé Libros, 2025

ISBN: 978-84-10053-73-1
Depósito legal: V-85-2025
Impreso en España

KALOSINI, S. L.
Grupo editorial olé**libros**
equipo@olelibros.com
www.olelibros.com

*La belleza se revela
en el curso de una experiencia
con un objeto.*

HOWARD GARDNER

*Resiste mucho,
obedece poco.*

WALT WHITMAN

aún sin cicatrizar
su tronco,
largas sus ramas,

como prolongar
que no importa el paso de años...

¡cuántas veces!...
... inútiles ramas

—pisamos tierra casi yerma
no vemos, las nubes,
moverse
qué escondite mejor...
piedras y enramado

—cuando no hay dónde—
tu corazón palpita
y ahí tienes...

...
mi vida es solo mía

olas de un mar
dando
la espalda

(como si fuera)

un corazón muy solo
que se divide
en cachitos

I

farolas de 1830

sol tibio como el amanecer
lento, de las gaviotas

II

que planean no muy juntas.

sobrevuelan.

Santander. Año 2024

he de yacer con el estéril tiempo.

FRANCISCO BRINES

Me fundiré en el viaje/
pero no os preocupéis.

EVGENY EVTUCHENKO

tengo una maleta preparada
para lo de siempre muy alerta

la mirada cálida por no olvidar...

que he traspasado,
del amor,
todas sus fronteras

con Juan Ramón Jiménez

es azul la ventana azul
el negro cielo
envuelve, abriga

vuelves a tu piel
después...

como un manto estrellado

para Ángela Serna

cuerpos, y más cuerpos.
y solo cuerpos.

cuándo serán almas

como vibra un acordeón
mano dentro de brazo
—respiro...

para dar amor

la llanura es azul,
gotas briznas
manantial
que surca todo
despertar sobre blanco
inexacto

mientras, puede que
existamos...

la luna, encima,
no caerá.

para Cristina Penalva

hay cosas peores que /
estar solo
(...)

CHARLES BUKOWSKI

necesito el movimiento del mar

cerrar cortinas

por

una

ventana transeúnte

cuando se ve de lejos

para Y.

falta la extrañeza.

infinito ardid

tristes nos quieren tristes
tirando basura
por obligación como un racimo
a la intemperie de la propia vida
nos prefieren entregados a pensar sin matices
a sentir que la soledad era un almacén
de antigüedades

y que siga su curso vanidoso un
escaparate
donde no caben pero se vende
almas que pintaron tristes...

desfila el fuego,

seduce
el agua…

con su mansedumbre de hojas

abajo, sí

mientras recuerdo

aquel nombre, como fe

desgranada

tu mirada transparente

con Óscar Ayala
para ti.

un
abigarrado
pasaporte

y

en pos de la llanura,

abejas

porque no queda nieve;

sin embargo
no dejar

que la música me calle…

[con Gonzalo Rojas]

de pronto, amigo,

nos apresuramos

será el tiempo así

de reojo tratemos

de avistar futuro

no hay un tú
no hay yo

pero sé que me conoces.

se parte
un volcán, como la nieve…
tras aquella madrugada,
sin una cama ni balcón
más o menos andamos
que pase el aire
se lleve el polvo
y me quede esquiva
y azul
una canción

[con C. Rosenvinge, quemando naves]

y extendiendo su mano hacia la partitura
bailo el simple aire

suenan guitarras desafinar

encaja todo de golpe
si eres y estás…
igual que si fuera antes

[por Joan Margarit]

Balakirev el Volga
Evgeny diciéndome...
no habrá cárcel para tanto mortal
que no se sabe morir
que no acepta su muerte...

viene Evgeny a decirme, en silencio,
con solo un gesto, de viva voz, SALTEMOS

el dolor

y amanecerá un mundo menos cobarde.

sale

hojarasca en un balcón

por el que nadie, ya,
    te visita

[Antes de rescatar a L. Cohen]

el árbol atraviesa humo
sabe bien

cómo beben sin agua
entre los dedos

y, sopesa,
en equilibrio

tocarte o no

tocarte

¿corteza del tiempo que pasamos?...

Desastres naturales, pocas veces
asombro

tortugas que no dicen

y su verde no tiene vértices.

mira cómo cae
la lluvia

es, tanto, lo que dejamos,

lo que tiramos

ahora, adéntrate

en un misterio, vago,

como llegando a la cima descansar.

Debería mirar para otro lado/
en vez de uncirse a la crueldad.

JUAN GELMAN

celebro que existes

Alúmbrame esperanza.
Harta de ser fugitiva
Huyendo de las calles
ahora
exánimes.

Decías
Que con existir bastaba.

Yo no aguanto más cordura
Entre locos altivos.

a Rulo

1

En el lugar donde se cuece el llanto
Caben las llaves de la locura.

2

Sonríe
A la humedad sin prisa

3

Quién.
Dime quién
Vendrá a buscarnos si todo acaba.

«La bufanda te abraza como un amante ausente».

J. MARGARIT, CON ÉL

esta vida es loca.
si me descuido,
se envilece
—Chet, recuérdame

y morir,
sin justicia,
aún......

no quiero

1

ver:

no asumir,
el tedio
—derrota.

2

menoscabar trenes...

3

sin embargo,
imprecisas,
tú y yo somos,
en un poema

para Cristina Penalva

no contamos,
por eso nos dedicamos
a dejar de nombrar
para que todo se rompa.

a Ivo M.

luz

.

.

se abre, paso,

(Entre cortinas)

aunque no escribas nada.

quisiera arrasar ciudades

arder los siglos que faltan

morir como un atropello

milésimas lugar
                    seguro

que no sobrevivimos

(tengo miedo)

aún veo

del mar

su reflejo

hoja verde amarilla

por fin.

morir,

sucesivos

sillas...

expuestas a la lluvia de otros

carcomida mariposa

letal consuelo para mí

que busco en los árboles.

y, con ellos,

no muero.

con Federico García Lorca

Habrá poesía si
no estrechan las calles que andamos.

Si el mundo no siente derrota,
Esa crueldad sin poner nombres.

Habrá poesía no
como lluvia sino
mano a mano,
punta a punta de los dedos,
enramándose.

el mar se lleva los pájaros
hecatombe, gas
antes no hay espacio

porque lo sueño como vivo
tristemente, igual que flores
arrancadas a un Destino

«Soy yo no oyes

el aullido desde mi garganta

que se hace poema»

Acabemos.

Es preciso nombrar.

Nombremos

O borrarlo todo,

salvo este poema

Puedo escribir los versos...

Qué estupidez

Si ella

se fue

Si ella

no quiere que la ames

esta noche ni siquiera

te recuerda...

I

Para Artaud y Celan

a los que no he leído

puede que este libro

signifique algo más

que un silente discurso

quebrado mío.

II

Es casi medianoche

me duele el cuerpo

de no encontrarte desnuda bajo

todo lo superfluo

y por no

poder besarte,

invento esto

Arderán.

Las hojas.

La piel escrita.

¿Quedarán rastros

de lo que fuimos?

Lo que no quiero

es

perderme tras el reloj

que no recuerda.

Ser poeta es no ser

desvivirse

en un poema

Creemos

que para todo hay un nombre

¿Y la alegría un día de lluvia?

Y,

¿el pálpito

antes de escribir?

Stacey Kent.

Las horas muertas.

Devorar libros

de autoayuda

Y seguir

seguir...

No

a la guerra.

Y ese grito

Colectivo

Sigue siendo necesario.

Odio eso que escriben

tan prosaico

y ese afán de romanticismo

que huele a rancio

Quiero pensar en la existencia.

Será lo que ven nuestros ojos.

O la armadura que hacemos

para salvarnos

Si el árbol que fui

es talado

Que sea un poemario

Me gustas cuando hablas

porque así mi voz se calla

y se deja de machismos.

Sobre una fotografía

en blanco y negro

recuerdo que no viví tanto...

Si no podemos celebrar

la vida

la muerte celebremos

Mortal

El veneno de su nombre

DE-CADENCIA

el piano que tocas indolente

joven

en tu plenitud,
             eres hermosa

A todas las mujeres que han sufrido o sufren violencia machista

Cada vez que despierto
en medio de la nada
del vacío con un nombre
que me penetra sin mirar
me a la cara
lo reconozco sí temblad
mis adentros
porque un milagro es
abrir los ojos
y estar vivo

Lo medimos: paquidermos
en busca de ventanas perpetuas

No hallamos, sino que no hay verdad
que perdure

qué colina podemos
subir y después
espera el océano

alrededor,
todo es tiniebla

con Ángela Serna

Cuando decimos resistencia

militan entonces las hojas de los árboles

partes de un todo volátil

por milésimas cartas decimos que basta

una voz

en tu poema de nadies...

claudicas

toda guerra, me unces

de barro para sembrar

cuando escribo

letras como puños

altos desangrándose

con Ida Vitale, *in memoriam*

hemos llenado la poesía de trampas

porque no sabemos vivir
erráticos como borrachos
un latido menos

para no morir mañana